TO

From

사랑해 우리 아가

안녕, 아가야~

매일 아침, 잠에서 깨면
아가는 언제나 엄마에게 방긋 웃어 주지요.

그러면
너무 귀여워서
꼬옥 안아 버리죠.

꼬~옥

어?
어디 갔니?
아가야~

청소 끝내고
산책하러 갈 테니까 조금만 기다려.

쓰레기통

우리 아가, 오래 기다렸지?

아가의 미소는
행복을 한가득 불러오지요.

점심으로 뭘 먹지?
아가야, 넌 무슨 요리를 하니?

포크도 제대로 쥘 줄 모르던 우리 아가가
이제는 혼자 밥을 먹어요.

매일 쑥쑥 자라는 게 보이니
엄마는 얼마나 기쁜지 몰라요.

아가는 엄마의 포근한 품 안이
너무너무 좋은가 봐요.

따뜻한 품 안에서 오늘도
쌔근쌔근 잠이 들어요.

엄마 품에 쏙 들어가
마음 놓고 푹 자는 아가.

왜 그래, 아가야?

어머~
어머~

엄마에게 좀 더 어리광을
부리고 싶었나 봐요.

아가는 언제나
엄마랑 함께 있고 싶어 하죠.

담요로 집을 짓고
그 안에서 단둘이
있는 걸 좋아함.

우리 아가, 아빠 왔다!

우리 꼬맹이가
엄마 아빠에게 가르침을 주네요.
'다 함께 사이좋게 지내요.'
라고 말이죠.

함께 그림 그려요!
함께 그림책 읽어요!
함께 노래해요!
함께 손잡아요!
다 함께요! 라고 아가는 언제나 말해요.

아가는 많은 이들에게
사랑을 듬뿍 받아
무럭무럭 자란답니다.

그 넘치는 사랑으로
아가의 하루하루는
반짝반짝 빛나지요.

세상에서 하나뿐인
우리 아가에게
매일매일
사랑을 주고 싶어요.

알기 쉬운 아기 말 사전

부록

고-마
thank(감사합니다)

고맙습니다.

공주님
skirt(치마)

공주님 옷 입기.

무거
heavy(무겁다)

이거 무거워요.

하삐
grandfather(할아버지)

할아버지 안녕하세요?

안아~
hug(안다)

엄마 안아 주세요.

뽀~
kiss(키스)

아빠랑 뽀뽀했어요.

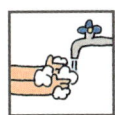
뽀글뽀글
wash(씻다)

뽀글뽀글 씻고 나서 맘마 주세요~

없어~ 없어~
put away(정리하다)

장난감이 없어요.

시장
bag(가방)

시장 데리고 가요!

생일 께크
happy birthday(생일 축하합니다)

생일 축하해요.

코~
good night(잘 자)

잘 자. 내일 봐요.

Baby-Chan
Text & illustrations copyright © 2002 by Nami Horikawa All rights reserved
No part of this book may be used or reproduced in any manner
whatever without written permission except in the case of brief quotations
embodied in critical articles or reviews.
Original Japanese edition published by POPLAR Publishing Co., Ltd., Japan
Korean Translation Copyright © 2013 by Geuldam Publishing Co.
Korean edition is published by arrangement with POPLAR Publishing Co., Ltd.
through BC Agency

이 책의 한국어판 저작권은 BC 에이전시를 통한 저작권자와의 독점 계약으로 인디고에 있습니다.
저작권법에 의해 한국 내에서 보호를 받는 저작물이므로 무단전재와 복제를 금합니다.

사랑해 우리 아가

지은이 호리카와 나미 **옮긴이** 박승희
펴낸이 김종길 **펴낸 곳** 인디고
책임편집 이은지
편집부 임현주 · 이은지 · 이송이 · 이경숙
마케팅부 김재용 · 박용철
디자인부 정현주 · 박경은
관리부 이현아
출판등록 제7-312호 주소 (132-898) 서울시 도봉구 창4동 9번지 한국빌딩 7층
홈페이지 indigostory.co.kr **전화** (02)998-7030 **팩스** (02)998-7924
이메일 bookmaster@geuldam.com
페이스북 http://www.facebook.com/guldam4u

초판 1쇄 인쇄 2013년 4월 25일 **초판 1쇄 발행** 2013년 5월 5일 **정가** 8,800원

ISBN 978-89-92632-71-3 03830

이 도서의 국립중앙도서관 출판사도서목록(CIP)는 e-CIP홈페이지(http://www.nl.go.kr/ecip)와
국가자료공동목록시스템(http://www.nl.go.kr/kolisnet)에서 이용하실 수 있습니다.
(CIP제어번호: CIP2013001667)

> 인디고에서는 참신한 발상, 따뜻한 시선을 가진 기획 아이디어와 원고를 기다리고 있습니다.
> 작품 혹은 기획안을 한글이나 MS Word 파일로 작성하여 이메일로 보내 주시기 바랍니다.
> 출간 가능성이 있는 작품에 대해서 개별적으로 연락을 드립니다.